SERVICE FUNÈBRE

À LA MÉMOIRE DE

TRÈS-HAUT, TRÈS-PUISSANT ET TRÈS-EXCELLENT PRINCE

LOUIS DIX-HUITIÈME

DU NOM

ROI DE FRANCE ET DE NAVARRE

célébré dans l'église consistoriale réformée de Strasbourg
le 30 septembre 1824.

Au profit des Pauvres.

STRASBOURG,

chez G. L. SCHULER, imprimeur, rue des arcades n° 5,
TREUTTEL et WÜRTZ, libraires, rue des serruriers n° 30.

AVANT-PROPOS.

Le service funèbre à la mémoire de S. M. Louis XVIII, célébré le 30 septembre dernier, dans l'église réformée de cette ville, en présence des autorités, s'est fait remarquer par la belle ordonnance de l'office divin et par le recueillement religieux d'un nombreux auditoire, grâce aux soins de Messieurs les anciens de l'église, qui ont montré dans cette occasion un dévouement digne de l'objet de la cérémonie.

Le temple était décoré avec une noble simplicité : les galleries, l'encadrement des bancs, les portes, les colonnes, la chaire, l'orgue et l'autel, qui servait de piédestal à une urne cinéraire d'albâtre de la plus grande beauté, étaient tendus en noir et drapés avec goût. Une musique, exécutée par les premiers artistes de la ville, alternait avec le plein-chant, pour lequel on avait choisi un cantique analogue à la circonstance. La nef de l'église avait été réservée pour les autorités et les personnes en deuil; les galleries étaient ouvertes au public, qui arrivait en foule pour pleurer son Roi défunt et pour appeler les bénédictions du ciel sur son auguste successeur.

Messieurs les anciens, voulant conserver le souvenir de cette cérémonie lugubre, m'ont invité de faire imprimer mon discours avec les prières qui l'ont précédé et suivi. En me conformant à leur invitation, je n'ai point oublié que j'aurai besoin de l'indulgence de mon lecteur. Je le supplie de pardonner au citoyen dévoué à son Roi et à sa patrie, les défauts de l'orateur.

MÆDER, Pasteur.

PRIÈRE. 1)

Tu as été, Seigneur, dans tous les tems notre refuge. Avant que les montagnes fussent nées, avant que tu eusses formé la terre et l'univers, d'éternité en éternité tu es le Dieu fort. Veux-tu réduire l'homme en poussière, tu dis : Enfans d'Adam! rentrez dans la poussière. Mille ans sont à tes yeux, comme le jour d'hier qui n'est plus, ou comme une veille de la nuit. L'homme est entraîné comme par un torrent; sa vie est un songe qui s'évanouit le matin; il passe comme l'herbe, elle fleurit le matin, mais elle se fane, on la coupe le soir, et elle sèche. Nos années fuient comme la parole. La durée de notre vie est de soixante et dix ans, ou de quatre-vingts pour ceux qui ont le plus de vigueur. L'âge même de la vigueur des hommes, n'est que travail et que peine, il passe vite et nous nous envolons. Apprends-nous à bien compter nos jours, afin que nos cœurs se forment à la sagesse. Eternel! rassasie-nous chaque matin des fruits de ta bonté; que ton œuvre se manifeste sur tes serviteurs et que ta gloire éclate sur leurs descendans. Eternel notre Dieu, regarde-nous d'un œil favorable. Amen.

---

1) Tirée du Pseaume XC.

DISCOURS FUNÈBRE.

Messieurs !

Notre espoir a été trompé ; l'impitoyable mort a pénétré jusque dans le palais de nos Rois, et Dieu a redemandé son âme au Monarque excellent, né pour la gloire et pour le bonheur de la France. Louis avait cessé de vivre, et nos prières, pour la prolongation de ses jours, montaient encore au ciel. Un moment a suffi pour enlever ce père chéri, pour plonger ses nombreux enfans dans le deuil et dans les larmes.

Sans doute, mes frères, vous demandiez alors : Comment ce malheur nous est-il venu ; comment est mort ce Roi si cher à nos cœurs ? Hélas ! il était atteint d'un mal, dont l'art seul reculait le terme fatal ; mais enfin la science de l'homme devait échouer devant le Maître du monde ; les angoisses redoublent, les symptômes qui annoncent une fin prochaine, ne laissent plus de place à l'espérance, les ministres des autels apprennent à l'auguste malade, qu'il doit mettre ordre aux affaires de sa maison, qu'il va mourir. 1) Cette nouvelle, si accablante pour tant de mortels, n'ébranle point l'âme forte et résignée du Roi. Il a acquis la certitude de sa fin prochaine; il s'y prépare avec ce sang froid qui le distinguait dans les grandes occasions; lui seul est calme au milieu de la douleur générale, ensorte qu'on peut lui appliquer ce que l'Ecriture rapporte de Jacob : « lorsqu'il eût achevé de donner ses ordres à ses fils, il retira ses pieds dans le lit et expira; c'est ainsi qu'il fut réuni à ses ancêtres. Alors Joseph se jeta sur le visage de son père, pleura sur lui et le baisa. » Ce passage nous montre, d'un côté un père mourant qui s'oublie, pour ne songer qu'au salut de ses enfans; d'un autre côté un fils désolé de la mort de son père. Il renferme donc textuellement ce qui est arrivé au décès de *très-haut, très-puissant et très-excellent Prince Louis, dix-huitième du nom, Roi de France et de Navarre.* Arrêtons-nous

---

1) II Rois, 20, 1.

à cette mort, et voyons d'abord : *Ce qui la rendit si grande* ; puis nous considérerons : *La douleur de son peuple*. C'est là le plan de ce discours. Ainsi soit-il.

I. « Lorsque Jacob eût achevé de donner ses ordres à ses fils, il retira ses pieds dans le lit et expira ; c'est ainsi qu'il fut réuni à ses ancêtres. » Le mauvais prince et l'homme irréligieux, n'envisagent qu'avec horreur la mort qui les sépare des objets de leur affection et ne leur montre au-delà du sépulcre qu'un juge inexorable, prêt à prononcer leur condamnation. Il n'y a que ceux dont la conscience est exempte de reproches qui meurent sans crainte. Or, la vie de Louis fut celle d'un bon Roi et d'un chrétien ; voilà pourquoi sa mort a été si grande.

Louis dix-huit arriva au trône par suite d'événemens aussi déplorables qu'inattendus. Le besoin d'une réforme dans la législation et dans l'administration du royaume était généralement senti ; le vertueux Louis seize la commençait, quand le zèle imprudent et la malveillance s'emparèrent de cette régénération. La France entière est bouleversée ; le trouble et l'anarchie sont à l'ordre du jour ; la personne

sacrée du Roi est indignement traînée sur l'é-
chaffaud; la religion est proscrite; le règne
de la terreur commence; le moment n'est pas
éloigné où la France ne sera plus qu'un vaste
tombeau, lorsque les bourreaux, effrayés du
nombre des victimes, ou tremblant pour leur
propre vie, ajournent le carnage. La nation
respire. L'homme extraordinaire, dont la des-
tinée servira de leçon aux générations futures,
saisit le gouvernail de l'état et fait espérer un
meilleur ordre des choses. Mais dévoré par l'am-
bition, il prétend à l'empire du monde; il
ravage l'Europe entière pour réaliser ses des-
seins chimériques, et tombe deux fois sous le
poids des nations liguées contre lui.

Alors la France rappelle ses princes légiti-
mes : Louis accourt aux cris de son peuple et
lui rend la paix. Mais son royaume est épuisé,
les besoins du trésor sont excessifs. Louis pour-
voit à tout; il remplit ses engagemens envers
les puissances alliées; il garantit la dette nationale; il entretient les vétérans de l'armée; il
console les victimes de la révolution; il en-
courage l'industrie, les sciences et les arts; le
nom français est de nouveau respecté chez
l'étranger, le bonheur et l'abondance renais-
sent dans l'intérieur.

Cependant Louis ne borne pas ses soins au rétablissement du crédit public. Il sait que la force d'un gouvernement est dans une bonne législation, et il remonte sur son trône avec cette Charte constitutionelle, l'objet constant de notre respect, le grand acte du siècle, la gloire de son auguste auteur. Nous laissons à la postérité de juger si elle a rempli son but de fermer l'abîme des révolutions. Quant à nous, nous comprenons qu'elle accorde tous les intérêts ; qu'elle balance les pouvoirs ; qu'elle est basée sur les principes de la plus exacte justice ; qu'elle renferme les élémens de la prospérité nationale ; que depuis dix années elle fait notre bonheur, et que ses dispositions principales répondent aux besoins de tous les siècles.

Que Louis est grand, quand il donne la Charte ! qu'il est un modèle de sagesse, quand il la protège contre les passions et les intérêts opposés qui tendent à la détruire ! qu'il est digne de notre profonde vénération et de notre amour, dans les divers actes de son gouvernement : quand il abolit la confiscation des biens, qui punissait le fils des crimes de son père ; quand il suprime le droit d'aubaine, qui privait l'étranger d'une suc-

cession légitime ; quand il rapproche et con-
fond les partis; quand il montre pour tous ses
sujets la tendresse d'un père; quand son cœur
gémit d'employer des mesures de rigueur!

Et que direz-vous, si nous vous montrons
Louis ainsi occupé des soins de son royaume,
avec un corps infirme et souffrant; si nous
vous rappellons qu'il avait pour maxime: qu'un
Roi de France pouvait mourir et ne devait
jamais être malade; qu'il demeura fidèle à
cette maxime et qu'on peut affirmer que la
mort le surprit dans l'exercice de ses augustes
fonctions? Heureux, dit l'Écriture, heureux
les serviteurs que le Maître à son arrivée
trouvera veillans! 1) Heureux, ajouterons-nous
avec elle, heureux le Roi qui à l'approche
du trépas aura la conscience d'avoir fait va-
loir le talent que le Seigneur lui avait confié.
Ainsi la fin de Louis fut grande, parce que
sa vie avait été celle d'un bon Roi.

Elle a été de plus celle d'un chrétien; se-
conde cause de la grandeur de sa mort. Si
Louis n'avait été qu'un monarque juste et
sage, paternel et vigilant, certes il aurait eu
des droits à notre reconnaissance et il aurait

---

1) Luc. 12, 37.

pu quitter ce monde avec la douce satisfaction d'avoir rempli des devoirs importans; mais serait-il mort avec cette résignation qui fit dire au Sauveur : Mon père, je remets mon esprit entre tes mains? 1) Quelque grand qu'ait été un Roi, quelqu'ait été sa gloire et sa puissance, quelque nombreux qu'aient été les bienfaits dont il a gratifié son peuple, il doit sentir à l'approche de son heure suprême que ces titres ne suffisent point pour paraître devant le Roi des Rois, qui n'accorde la couronne de vie qu'à ceux qui l'auront méritée par la foi et les vertus chrétiennes. Louis n'attendit pas le dernier moment pour se pénétrer de cette grande vérité. Il s'est souvenu de son Créateur dans le tems de sa jeunesse; 2) il a toujours cherché à plaire à l'Éternel.

A Dieu ne plaise, mes frères, que je veuille faire ici un éloge outré de la vie chrétienne du Roi que nous pleurons; je m'arrête à des faits généralement connus.

Quand il passe dans l'exil des jours proscrits et solitaires; quand il est frappé d'une balle meurtrière; quand il est sommé de re-

---

1) Luc. 23, 46. 2) Eccl. 12, 3.

noncer à ses droits au trône; quand il y remonte.... n'est-ce pas David qui s'écrie : Béni
soit l'Éternel ! il est mon rocher, mon bien-
faiteur, mon rempart et ma haute retraite;
il est mon libérateur et mon bouclier; c'est
en lui que j'espère; c'est lui qui range mon
peuple sous mes lois? 1)

Quand il rentre dans cette France, pour
laquelle il n'avait cessé de former des vœux,
et qu'il prend pour dévise : union et oubli;
n'observe-t-il pas l'ordre de St.-Paul qui nous
exhorte à rendre en bien le mal qu'on nous
a fait? 2)

Quand il honore le culte de ses pères et
qu'en même tems il accorde aux autres cultes
liberté et protection, n'est-il pas pénétré de
l'esprit du livre divin, qui défend à l'homme
de juger son semblable; 3) qui lui ordonne
d'aimer son prochain comme soi-même; 4) qui
lui apprend que quiconque aurait le don de
prophétie, la pénétration de tous les mystères,
une parfaite science de toutes choses et la foi
jusqu'à transporter les montagnes, ne serait
rien sans la charité; 5) qui lui fait savoir,

---

1) Ps. 144, 1. 2.   2) Rom. 12, 21.   3) Luc. 6, 37.
4) Matth. 22, 39.   5) 1 Cor. 13, 2.

que Dieu ne fait point acception des personnes, mais qu'en toute nation, celui qui le craint et qui s'attache à la justice, lui est agréable. 1)

Ne multiplions pas les exemples; ceux que nous avons cités, suffisent; ils ne peuvent être donnés que par un homme qui aime Dieu au-dessus de tout et son prochain comme soi-même; et de ces deux commandemens dépendent toute la loi et les prophètes. 2) La vie de Louis a donc été celle d'un chrétien. Et quelle crainte le trépas peut-il inspirer au disciple de celui qui a les paroles de la vie éternelle? L'immortalité l'attend, l'immortalité bienheureuse, et pardessus tout, un Juge miséricordieux, qui ne nous punit point selon nos iniquités, mais qui pardonne nos péchés en Jésus-Christ. Ne nous étonnons donc plus que Louis ait été si grand dans ses derniers momens, et voyons la douleur de son peuple.

II. « Lorsque Jacob eût achevé de donner ses ordres à ses fils, il retira ses pieds dans le lit et expira; c'est ainsi qu'il fut réuni à ses ancêtres. Alors Joseph se jeta sur le visage de son père, pleura sur lui et le baisa. » Oui,

---

(1 Act. 10, 34. 35. 2) Matth. 22, 40.

mes frères, si la mort de Louis a des rapports avec celle de Jacob, les larmes de Joseph sont l'expression fidèle de notre douleur. Et jamais douleur ne fut plus juste. Français, mes concitoyens, n'est-ce donc pas le fondateur de vos institutions que vous pleurez ? Français égarés ou criminels, la mort n'a-t-elle pas enlevé le maître magnanime qui vous avait rendu à la vie ou à la société ? Peuple industrieux, ne perds-tu pas celui qui s'est appliqué à réparer tes pertes, à multiplier tes ressources ? Amis des lettres et des arts, ne regrettez-vous pas un sage protecteur ? Et toi, tribu, si longtems, si injustement opprimée, tribu à laquelle je suis glorieux d'appartenir, Louis n'a-t-il pas arrêté le cours de tes tribulations; n'a-t-il pas guéri tes plaies et changé tes pleurs en chants de triomphe ? Nos droits garantis, nos temples relevés de leurs ruines, nos pasteurs environnés de considération, quelles preuves plus évidentes désireriez-vous que la liberté des cultes existe en France, dans toute sa plénitude ?

Et celui qui a opéré tant de choses, qui n'a vécu que pour notre félicité, la mort, l'inexorable mort nous l'enlève ! Illustre et vertueux Monarque ! vous quittiez sans regrets une terre inhospitalière, pour rejoindre vos ayeux et pour prendre possession de l'héritage incorruptible qui vous était réservé dans le ciel : mais votre peuple est dans les larmes ; mais il cherche un appui dans sa grande affliction. Ah ! s'il pouvait vous entendre, vous lui diriez sans doute : J'ai passé des ténèbres de la mort, dans le séjour des bienheureux ; ne m'enviez pas mon bonheur ; consolez-vous de ma perte, c'est l'Éternel qui vous a frappés, il ne vous laissera pas orphelins. Voici, un Prince de ma race me succède ; il ne fera point oublier mon nom ; mais la postérité le placera à côté de moi, parcequ'il aura accompli l'œuvre que j'avais commencée. Oh ! qu'il est consolant d'envisager sous ce point de vue la perte de la France.

C'est l'Eternel qui nous a frappés ; c'est le Dieu qui voit se former une monarchie puissante, et croître l'herbe que nous foulons aux pieds ; qui voit et soutient l'immensité des créatures, depuis le chétif vermisseau qui rampe sur la terre, jusqu'au premier séraphin resplendissant de gloire dans les cieux. C'est le Dieu de nos pères qui nous a frappés ! Que de motifs d'un silence respectueux ; que de motifs pour être rassurés sur l'avenir !

C'est un prince, animé des sentimens de Louis, qui le remplace sur le trône. Déjà il a promis de maintenir, de consolider l'ouvrage de son auguste frère ; déjà il marche sur ses traces ; déjà il ne respire que pour le bonheur des peuples confiés à ses soins.

O France, ô ma patrie ! puisse-tu répondre aux intentions manifestées par ton nouveau Souverain ! Puissent l'union et la concorde former de tes citoyens un peuple de frères, qui entourent, avec un amour toujours égal, le trône des Bourbons, fondé sur les lois ; puisse l'abondance régner dans tes cités et dans tes campagnes ; puissent, surtout, la religion et les mœurs y exercer un empire salutaire, et devenir la boussole de l'esprit du siècle ; puisse enfin l'Europe entière être forcée à admirer ta grandeur, et trouver avec toi, dans une paix profonde et perpétuelle, le gage certain du bonheur et de l'approbation du ciel.

Dieu vivant et fort, Dieu protecteur de la France, exauce ces vœux d'un faible mortel ; éloigne à jamais du sol de mon pays et du monde entier, les hommes de sang, les parjures, les ambitieux ; ne nous donne que des princes qui marchent devant ta face, et des fonctionnaires qui soient remplis de ta crainte ;

enseigne-nous, à tous, à faire ta volonté, et dirige nos pas dans les sentiers de la droiture. 1) Alors nous vivrons dans une parfaite sécurité, et rien ne nous séparera plus de l'amour que tu nous a manifesté en Jésus-Christ, notre Seigneur. Amen.

PRIÈRE.

O Dieu tout-puissant, rends efficaces par ton St.-Esprit les méditations que nous venons de terminer, afin qu'elles demeurent en nous avec abondance et nous remplissent de sagesse.

Juge suprême des hommes, nous recommandons à ta miséricorde Louis, ton serviteur, que tu as appelé devant ton trône pour y rendre compte de ses jours; donne lui le repos après tant de travaux, la béatitude après tant de souffrances, et fais lui sentir les effets de tes compassions paternelles.

Souverain Maître du monde, daigne également exaucer les vœux que nous t'adressons pour CHARLES X, notre auguste Monarque;

---

1) Ps. 143, 10.

répands sur lui tes bénédictions ; dirige ses vues et ses entreprises, et fais que sous son empire nous voyons régner la religion, la paix et la prospérité. Couvre de ton bouclier la famille royale. Bénis l'administration des personnes qui ont quelqu'autorité au milieu de nous, afin qu'elle tourne à ta gloire, au maintien des mœurs, et au bonheur de la France.

Enfin, ô notre Dieu ! ramène au devoir les hommes égarés, et conserve à ceux qui marchent dans tes sentiers, leurs bonnes dispositions. Donne - nous à cet effet d'être pénétrés du sentiment de notre faiblesse, afin que nous nous attachions aux instructions de ton Fils Jésus-Christ, qui nous fera marcher avec assurance dans la route que nous aurons à parcourir. Exauce-nous, Père de grâce ; c'est au nom de ton Fils que nous t'invoquons :

Notre Père, etc.